The PAPERCRAFT ・ Geometric KAMIKARA ・

大人のペーパークラフト
◆ 幾何学カミカラ ◆

中村開己
Haruki Nakamura

日本文芸社

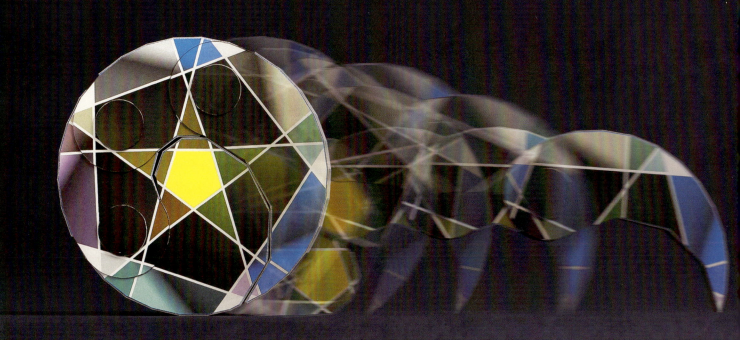

指でつつくと、クルッと回転。これはダンゴムシ？────── Curl up
くるりん

How to make: Page 14-15
Patterns: Page 49-52

Contents

	難易度	写真	つくり方	型紙
くるりん	●●●	P.01	P.14	P.49～52
トカゲの立方体	●○○	P.02	P.10	P.17～28
クマの十二面体	●○○	P.03	P.10	P.29～32
イルカの二十面体	●○○	P.03	P.10	P.33～38
リバーシブルの十二面体	●●○	P.04	P.12	P.53～56
鳥と魚	●○○	P.05	P.09	P.37～40
テトラ	●●○	P.06	P.11	P.41～44
カエルの十二面体パズル	●●●	P.06	P.15	P.45～48
ピラミッドの箱	●●○	P.07	P.13	P.57～60
十二面体の回転パズル	●●○	P.07	P.11	P.61～64

本書の作品づくりに必要な基本の道具 — P.08

つくり方の基本 — P.08

同じ形のトカゲを12体使って
立方体を作ろう———

The cube: composed of 12 lizards
トカゲの立方体
How to make: Page 10
Patterns: Page 17-28

2体のクマを組み合わせると正十二面体に────

Regular dodecahedron bears
クマの十二面体
How to make: Page 10
Patterns: Page 29-32

イルカが5体集まると正二十面体に────

Dolphins in the regular icosahedron
イルカの二十面体
How to make: Page 10
Patterns: Page 33-38

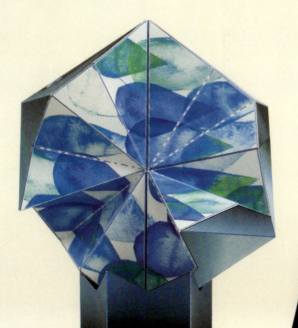

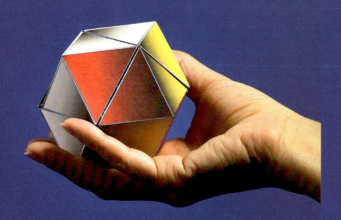

Reversible dodecahedron
リバーシブルの十二面体
How to make: Page 12
Patterns: Page 53 - 56

左の作品を放り投げると
一瞬で地球に

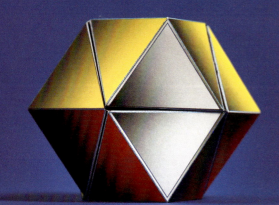

鳥のウラが魚？ 型紙をダウンロードして、いっぱい重ねよう———

Birds and Fish
鳥と魚
How to make: Page 09
Patterns: Page 37-40

同じ形の4つのパーツを組み合わせると正四面体に ———

Regular tetrahedron consisted of 4
テトラ

How to make: Page 11
Patterns: Page 41 - 44

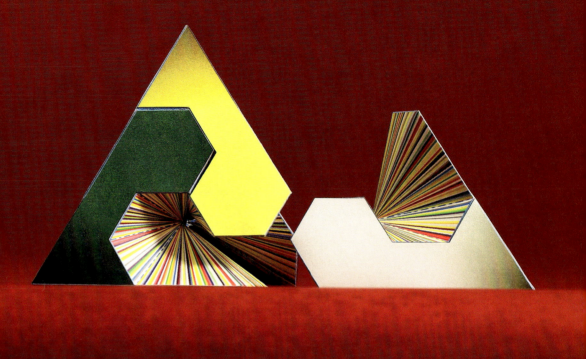

2体のカエルを組み合わせると正十二面体の難解パズルに
もう一度2つに分けられる？ ———

Frogs in the regular dodecahedron
カエルの十二面体パズル

How to make: Page 15 - 16
Patterns: Page 45 - 48

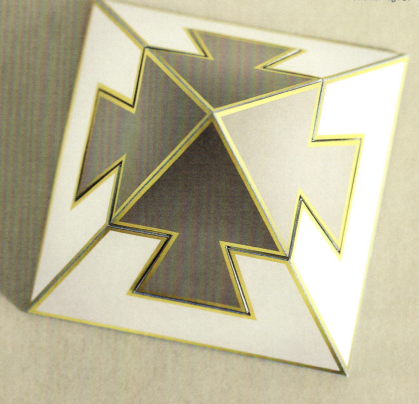

ピラミッドの中には隠し箱が！ ──── Pyramid box
ピラミッドの箱
How to make: Page 13
Patterns: Page 57 - 60

パーツを回転させて色をあわせよう ────

Regular dodecahedron pazzle
十二面体の回転パズル
How to make: Page 11
Patterns: Page 61 - 64

つくってみよう。
大人の
ペーパークラフト

本書の作品づくりに必要な基本の道具

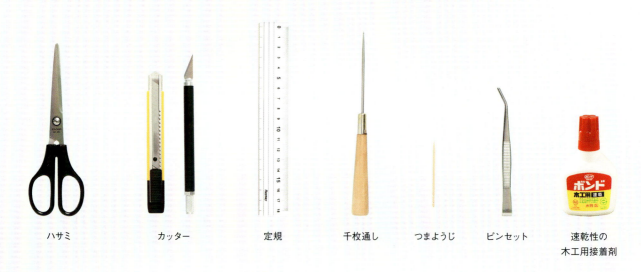

ハサミ　　カッター　　定規　　千枚通し　　つまようじ　　ピンセット　　速乾性の木工用接着剤

※カッターを使うときや、折りスジをつけるときには、テーブルが傷つかないように、カッターマットを使いましょう。
※作品によって必要な道具が多少変わります。作品それぞれのつくり方ページに必要な道具を記しています。

つくり方の基本

1　型紙を本から切り離す

型紙を本書からミシン目に沿って丁寧に切り離す。型紙は複数ページに渡る場合もあるので注意。

2　折りスジをつける

山折り線にも谷折り線にも、千枚通しを使い、定規を当てて丁寧に折りスジをつける。千枚通しの代わりに鉄筆やインクの切れたボールペン、コンパスなどでも代用できる。

(!) 千枚通しは寝かせ気味にして使う。

3　パーツを切り抜く

切り取り線に沿って各パーツを切り抜く。曲線はハサミで、直線はカッターを使うのがおすすめ。中をくり抜くものがあるパーツは、先に中をくり抜いてから外枠を。

⚠ カッターは上から下へ動かして切るのが基本。左右に動かして切ろうとすると、定規を当てたときに切り先が見えなくなる。

⚠ 鋭角をきれいに切るには、①大まかに切る②鋭角の先まで切り込みを入れる③逆側からハサミを入れて切り落とす。ギザギザなどは、切りやすい方向から同じ向きばかりまとめて切り込みを入れるのがコツ。

4　折りスジに沿って折る

折る部分があるパーツは、山折り谷折りに気をつけてすべて折っておく。

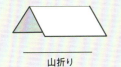 
　　山折り　　　　　谷折り

  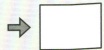

⚠ しっかり半分に折って戻す。
紙が弱くなるので、反対側には折らないように！

5　貼り合わせる

のりしろに接着剤を塗って貼り合わせる。

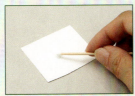   

接着剤は不要な紙にあらかじめ少し出しておき、つまようじですくって使うと便利。つまようじを寝かせ、パンにバターを塗るように薄く塗るのがコツ。

接着剤で貼り合わせたあとは、はがれないように指でしっかり押さえる。指が入らないところは、ピンセットを使う。

Trial !　鳥と魚をつくってみよう

型紙｜P.37～40　写真｜P.05　難易度 ●○○

■準備：つくり方の基本（P.8-9）の1～4をやっておく。

1 Aを貼り、隣の同じ色ののりしろをすべて貼る。

2 Bを貼り、隣の同じ色ののりしろをすべて貼る。
同様にCからYまで順に貼る。

3 Z-1、Z-2、Z-3に同時にボンドを塗り、形を整えながら貼る。

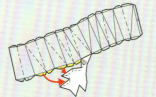  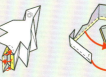

スタンド

- 細かいところはピンセットを使って押さえる。
- ピンセットの届かない場所にはL型の六角レンチがあると便利。
- 慣れたら、複数ののりしろに同時に接着剤を塗って貼ると、作業効率が上がる。

【ダウンロードについて】鳥と魚の型紙データは下記URLよりダウンロードできます。たくさんつくるとP.5のように組むことが可能です。
http://www.nihonbungeisha.co.jp/papercraft/

The cube: composed of 12 lizards | トカゲの立方体

型紙｜P.17〜28　写真｜P.02　難易度 ●○○

■必要な道具：P.8参照　　■準備：つくり方の基本（P.8-9）の1〜4をやっておく。

1 Aを貼る。

2 次にBを貼り、CからYまで、時計回りに順に貼る。

3 Z-1とZ-2に同時に接着剤を塗り、形を整えながら貼る。

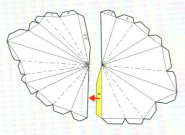  

遊び方：立方体の各面に4色がそろうように、12体のトカゲを組み合わせる

Regular dodecahedron bears | クマの十二面体

型紙｜P.29〜32　写真｜P.03　難易度 ●●○

■必要な道具：P.8参照　　■準備：つくり方の基本（P.8-9）の1〜4をやっておく。

1 クマののりしろをすべて貼る。

2 Aを貼る。

3 次にBを貼り、CからYまで、反時計回りに順に貼る。

4 Z-1とZ-2に同時に接着剤を塗り、形を整えながら貼る。

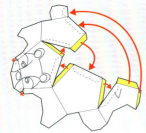 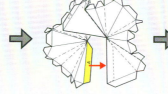 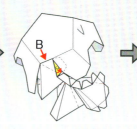 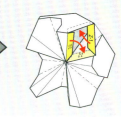

● もう一体も同様につくる

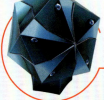

Dolphins in the regular icosahedron | イルカの二十面体

型紙｜P.33〜38　写真｜P.03　難易度 ●●○

■必要な道具：P.8参照　　■準備：つくり方の基本（P.8-9）の1〜4をやっておく。

1 イルカののりしろを貼る。

2 Aを貼る。

3 次にBを貼り、CからXまで、反時計回りに順に貼る。

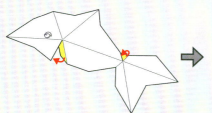 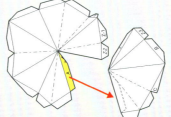 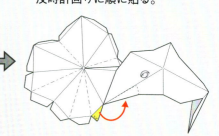

4 Yを貼る。

5 Z-1、Z-2、Z-3に同時に接着剤を塗り、形を整えながら貼る。

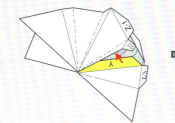 

● 同様に5体つくる　　スタンド

Regular tetrahedron consisted of 4 ｜テトラ　　　型紙｜P.41～44　写真｜P.06　難易度●●○

■必要な道具：P.8参照　　■準備：つくり方の基本（P.8-9）の1～4をやっておく。

1 ①から③を貼る。
2 次に④を貼り、⑤から⑦まで貼る。同様に⑮まで順に貼る。
3 ⑯から⑱を貼る。
4 ⑲と⑳に同時に接着剤を塗り、形を整えながら貼る。同様に㉑と㉒、㉓と㉔を貼る。

 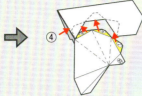 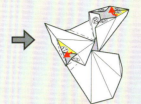 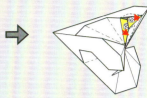

● ほかのパーツの型紙と混ざらないように注意

遊び方　4つのパーツを組み合わせると正四面体になる　各面の色をそろえたり、バラバラになるように組んでみよう

Regular dodecahedron pazzle ｜十二面体の回転パズル　　　型紙｜P.61～64　写真｜P.07　難易度●●○

■必要な道具：P.8参照　　■準備：つくり方の基本（P.8-9）の1～4をやっておく。

1 シャフト（軸）を貼る。
2 aとbをそれぞれ貼る。
3 c-1、c-2、c-3に同時に接着剤を塗り、形を整えながら貼る。
4 平らなテーブルの上に置いて、底面が平らになるようにふちを指でなぞる。

 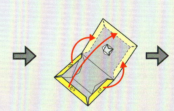 

● 同じものを6個つくる

5 中心の4カ所に接着剤を塗り、シャフトをはめ込む。
6 パーツAをAの穴に入れる。接着しないよう注意。　裏返して、ストッパーをシャフトの根元まではめ込む。ストッパーののりしろに接着剤を塗り、貼る。
7 工程6と同じ要領で、パーツBとCを取り付ける。次に①-1と①-2をそれぞれ貼る。

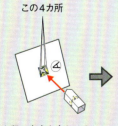 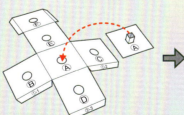 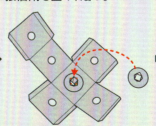 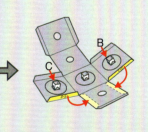

▲印で方向を合わせる。

8 同様にパーツDを取り付け、②-1と②-2をそれぞれ貼る。
9 同様にパーツEとFを取り付け、③-1、③-2、③-3に同時に接着剤を塗り、形を整えながら貼る。

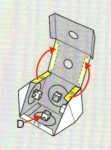 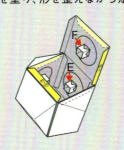 

遊び方　パーツを回転させてすべての面の色を合わせる

Reversible dodecahedron | リバーシブルの十二面体

型紙 | P.53～56　写真 | P.04　難易度 ●●○

■必要な道具：P.8参照／直径20mm厚さ5mmのフェライト磁石10個／油性ペン　※磁石は100円ショップなどで購入できます。
■準備：つくり方の基本（P.8-9）の1～4をやっておく。

1 磁石を10個くっつけ、一番上の磁石に油性ペンで丸を書く。それをはがして隣に置き、次の磁石に丸を書く。すべての磁石に丸を同様に書く。
（S極とN極の区別をつけるため）

2 丸の印に注意して、図のように磁石を置く。次に★を貼る。
力がかかるところなのでまんべんなく接着剤を塗ってしっかり貼り付ける。

3 ①-1と①-2をそれぞれ貼る。

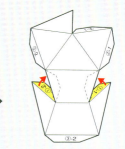

4 印に合わせて磁石を貼る。
（パーツによって磁石を貼る場所と向きが違うので注意）

5 ②-1と②-2をそれぞれ貼る。

6 ③-1と③-2に同時に接着剤を塗り、形を整えながら貼る。

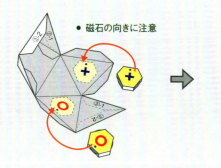 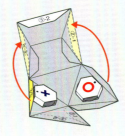 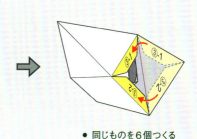

● 同じものを6個つくる

7 Ⓐ-1からⒺ-1を貼る。

8 のりしろの番号を合わせながら図のような形に磁力で組み合わせる。
接着しないよう注意。

9 組んだ状態でⒶ-2からⒺ-2を形を整えながら貼る。
多少パーツ同士の組み合わせに歪みが出るかもしれないが少しくらいなら大丈夫。

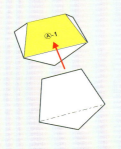 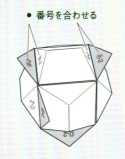 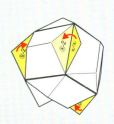

● 番号を合わせる

● 広げるとこんな感じ

遊び方

磁力に逆らうように丸めて手で持つ。この状態で宙に放り投げると…！

Pyramid box ｜ピラミッドの箱　　　型紙｜P.57〜60　写真｜P.07　難易度 ●●○

■必要な道具：P.8参照　■準備：つくり方の基本（P.8-9）の1〜4をやっておく。

● 違うページのパーツが混ざらないように注意。のりしろの番号の色で区別する。

下部パーツ

1 ①を貼る。
次に②から⑤を貼る。

2 ⑥を貼る。
次に⑦と⑧を貼る。
同様に⑰まで貼る。

3 ⑱から㉑を貼る。
紫の部分には接着剤を塗らず、
内側に入れる。

● 接着剤は塗らない

4 ㉒から㉕を貼る。

5 ㉖から㉘に同時に接着剤を
塗り、形を整えながら貼る。

上部パーツ

1 ①を貼る。
次に②から⑤を貼る。

2 ⑥を貼る。
次に紫の部分を内側に
入れながら⑦を貼る。
同様に⑬まで貼る。

3 紫の部分を内側に入
れながら⑭を貼る。
同様に⑰まで貼る。

4 ⑱から㉑を貼る。
図のように、貼られ
る側を軽く持ち上
げて、のりしろに接
着剤を塗る。

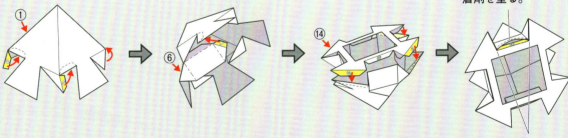

● 角をしっかり内側に入れる

隠し箱パーツ

1 ①を貼る。
次に②から④に同時に接着剤を
塗り、形を整えながら貼る。

2 図のようにふた部分を
組み合わせる。

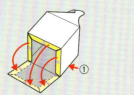

下部パーツの穴に隠し箱を入れて、
上部パーツを上からはめ込む。

使い方　隠し箱には実際に小物を入れられる

ピラミッドの箱　13

Curl up ｜ くるりん

型紙｜P.49〜52　写真｜P.01　｜難易度 ●●●

■必要な道具：P.8参照／十円玉 6枚／直径20mm厚さ5mmのフェライト磁石2個／油性ペン　※磁石は100円ショップなどで購入できます。
■準備：つくり方の基本（P.8-9）の1〜4をやっておく。

1 磁石を2個くっつけ、上の磁石の上面に油性ペンで丸を書く。それをはがして隣に置き、残りの磁石の上面に丸を書く。
（S極とN極の区別をつけるため）

2 丸の印に注意して図のように磁石を置く。
次に★を貼る。力がかかるところなのでまんべんなく接着剤を塗ってしっかり貼り付ける。

3 シャフト（軸）を貼る。
シャフトガイド1にシャフトをはめ、片面だけにストッパーを貼り、シャフトガイドを抜く。シャフトガイドに接着剤がつかないよう注意。

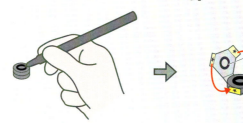

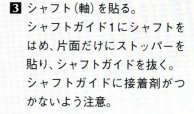

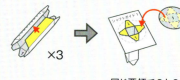

同じ要領で2と3のシャフトをつくる。

4 ★を貼る。　十円玉を6枚重ねて中に入れ、★★を貼る。

5 Aを貼り、隣の同じ色ののりしろを貼っていく。　Bを貼り、隣の同じ色ののりしろを貼っていく。

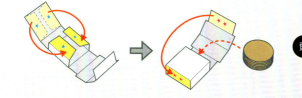

頭

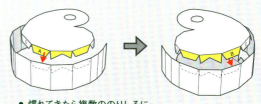

● 慣れてきたら複数ののりしろに同時に接着剤を塗って貼ると早く作業できる

6 Cを貼る。
力がかかるところなので、まんべんなく接着剤を塗ってしっかり貼り付ける。

7 Dの列を貼り、次にEの列を貼る。

8 Fを貼る。

9 Kの列を貼り、次にLの列を貼る。　Mと同色ののりしろを貼る。

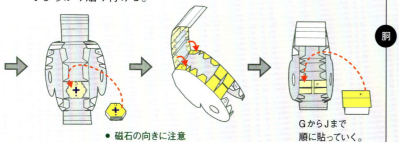

GからJまで順に貼っていく。

胴

● 磁石の向きに注意

● 同じ要領でNからPまで貼り、胴2をつくる

10 Qの列を貼り、次にRの列を貼る。　**11** Sを貼る。　**12** Tの列を貼り、次にUの列を貼る。

尾

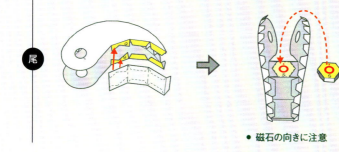

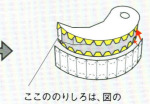

● 磁石の向きに注意

ここののりしろは、図のように内側に折り込む。接着はしない。

14　くるりん

13 数字と穴の位置を合わせて頭パーツに胴1パーツを重ねる。次に同じ数字のシャフトを入れる。

14 ひっくり返してシャフトののりしろを広げ、シャフトガイド2をはめてストッパーを貼り、シャフトガイドを抜く。シャフトガイドに接着剤がつかないように注意。

つなぐ

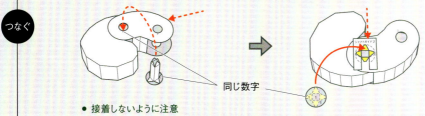

同じ数字

・接着しないように注意

同じ要領で番号を合わせながら、すべてのパーツをつなげる。

遊び方
このように置いて尾を指で軽く押す。

Frogs in the regular dodecahedron ｜ カエルの十二面体パズル　　型紙｜P.45〜48　写真｜P.06　｜難易度 ●●●

■必要な道具：P.8参照／一円玉 4枚／つまようじ 2本
■準備：つくり方の基本（P.8-9）の1〜4をやっておく。

・違うページのパーツが混ざらないように注意。のりしろの番号の色で区別する

1 つまようじを型紙のガイドに合わせて切り、印を付ける。

2 一円玉を2枚重ねて置いてから、①を貼る。

3 ②を貼る。

4 つまようじを印に合わせて置き、つまようじごと③を貼る。

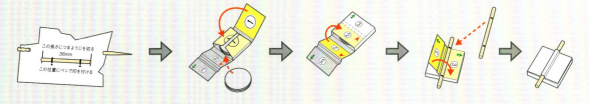

5 ④から⑬まで順に1カ所ずつ貼る。⑫と⑬を貼るときは底の穴からピンセットを入れて形を整えながら押さえる。

6 ⑭から㉔まで順に1カ所ずつ貼る。

7 ㉕から㉘まで順に1カ所ずつ貼る。

・ここからピンセットで押さえる

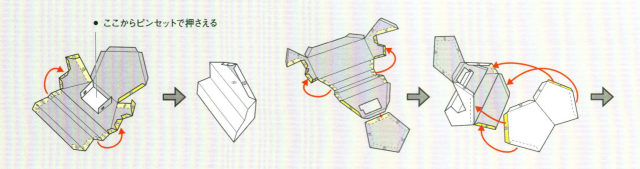

8 ㉙と㉚に同時に接着剤を塗って貼る。

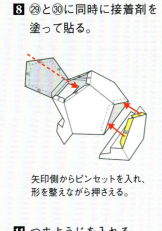

矢印側からピンセットを入れ、形を整えながら押さえる。

9 図のように折り目がつかない程度に持ち上げて接着剤を塗り、㉛を貼る。

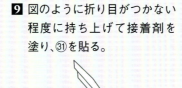

10 ㉜から㉟に同時に接着剤を塗り、形を整えながら貼る。

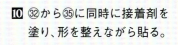

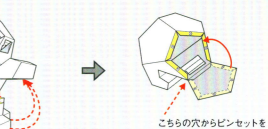

こちらの穴からピンセットを入れ、形を整えながら押さえる。

11 つまようじを入れる。

平らな面が前になる。

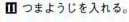

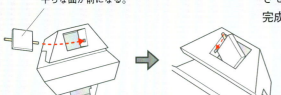

12 同じものを2つつくり、スライドさせてはめ込み、完成。

解き方 特定の方向に傾けて、それから…
ヒントは矢印と雲のマーク。
解けない人は動画をチェック！

本書の作品の遊び方の動画は、下記HPで見られます。また、鳥と魚（P.5）の型紙のダウンロードもできます。
URL http://www.nihonbungeisha.co.jp/papercraft/
※端末や通信環境によっては、ご利用いただけない場合があります。本サービスは予告なく変更することがあります。あらかじめご了承ください。

大人のペーパークラフト　幾何学カミカラ

2016年11月1日　第1刷発行
2019年2月20日　第2刷発行

著　者　中村開己（なかむらはるき）
発行者　中村　誠
印刷所　大日本印刷株式会社
製本所　大日本印刷株式会社
発行所　株式会社 日本文芸社
〒101-8407　東京都千代田区神田神保町1-7
TEL 03-3294-8931（営業）03-3294-8920（編集）
Printed in Japan　112161020-112190213 ℕ 02　（111009）
ISBN 978-4-537-21429-1
URL https://www.nihonbungeisha.co.jp/
© Haruki Nakamura 2016
編集担当　吉村

デザイン、型紙着彩
　　　　　桐林周布〈amane design〉
写　真　天野憲仁〈日本文芸社〉
編　集　板谷 智

乱丁・落丁本などの不良品がありましたら、小社製作部までお送りください。送料小社負担にておとりかえいたします。
法律で認められた場合を除いて、本書からの複写・転載（電子化を含む）は禁じられています。
また、代行業者等の第三者による電子データ化および電子書籍化は、いかなる場合も認められていません。

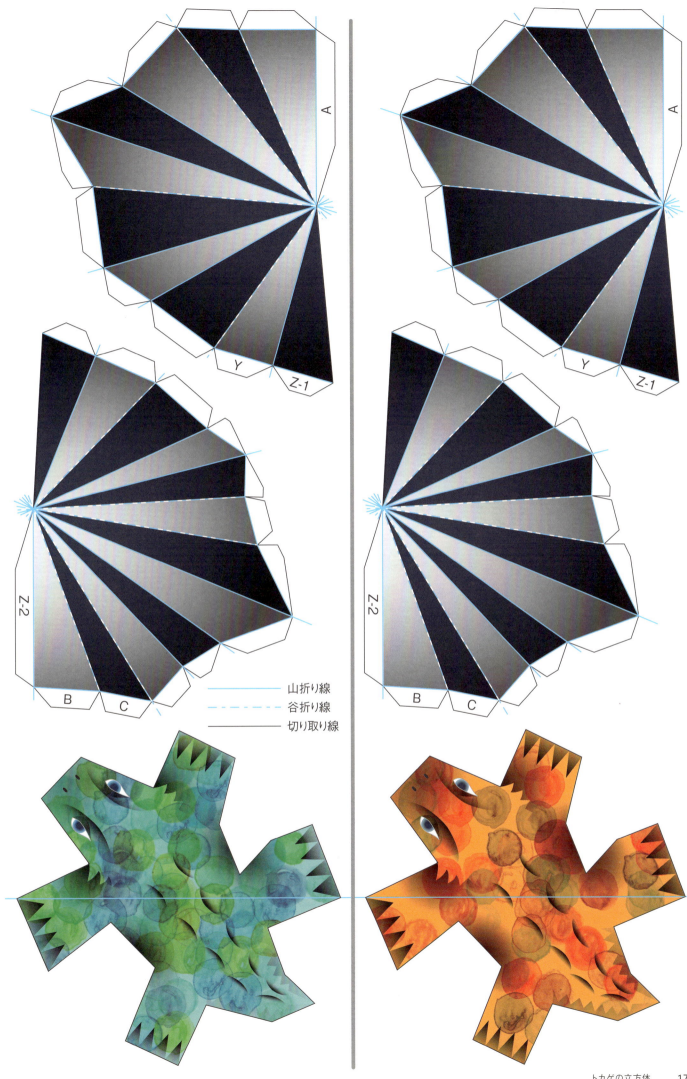

トカゲの立方体

18　トカゲの立方体

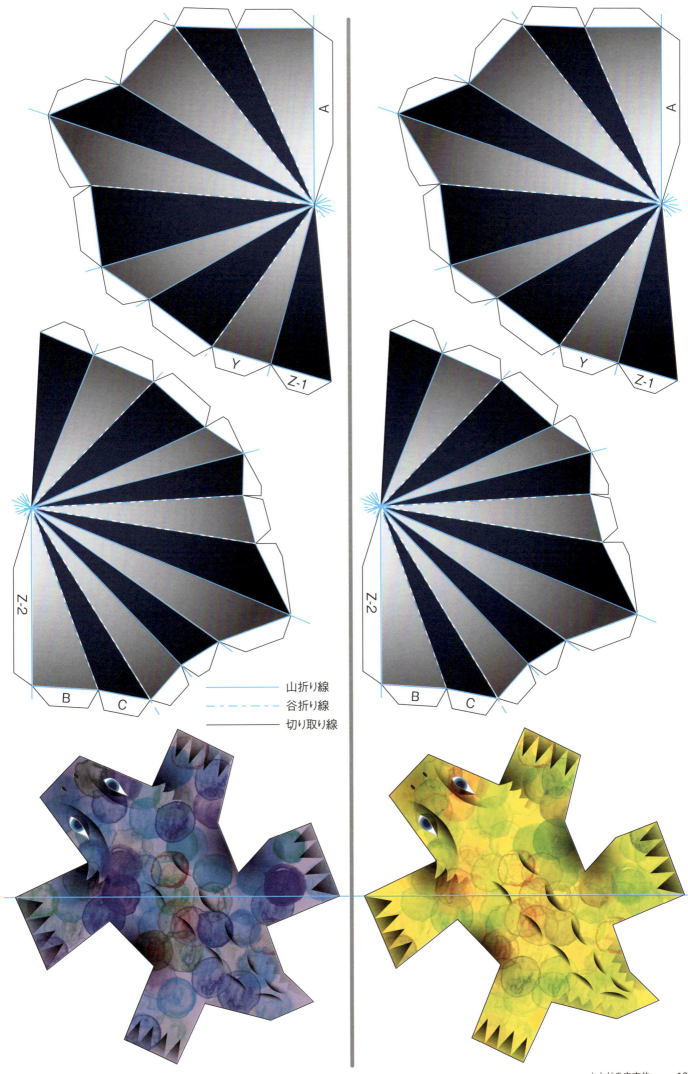

トカゲの立方体

トカゲの立方体

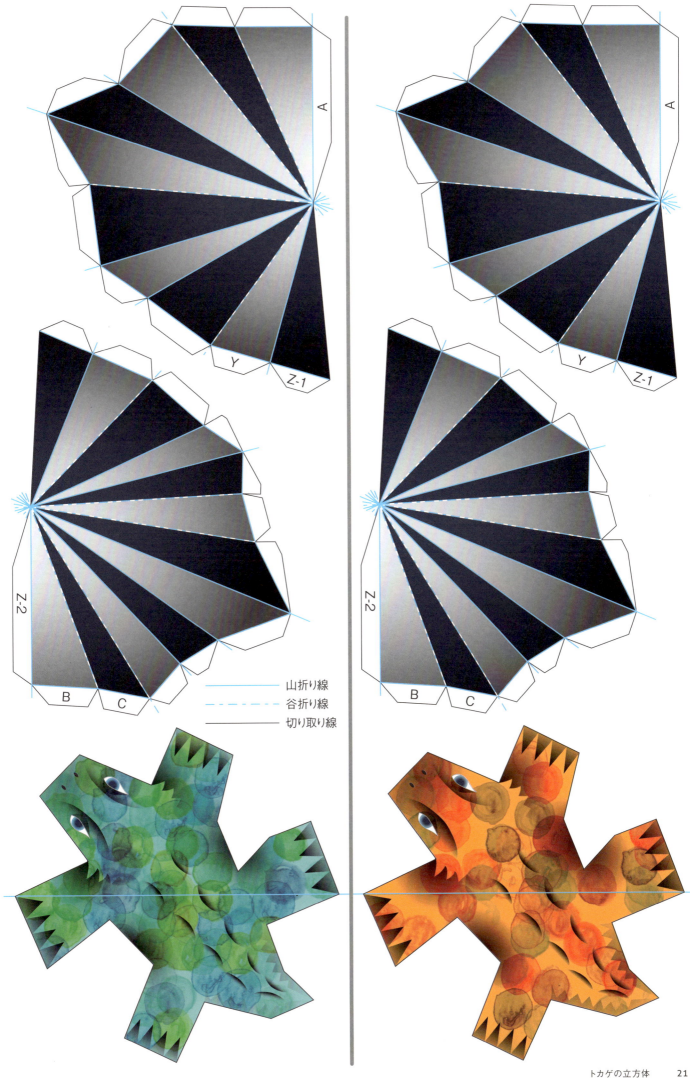

トカゲの立方体

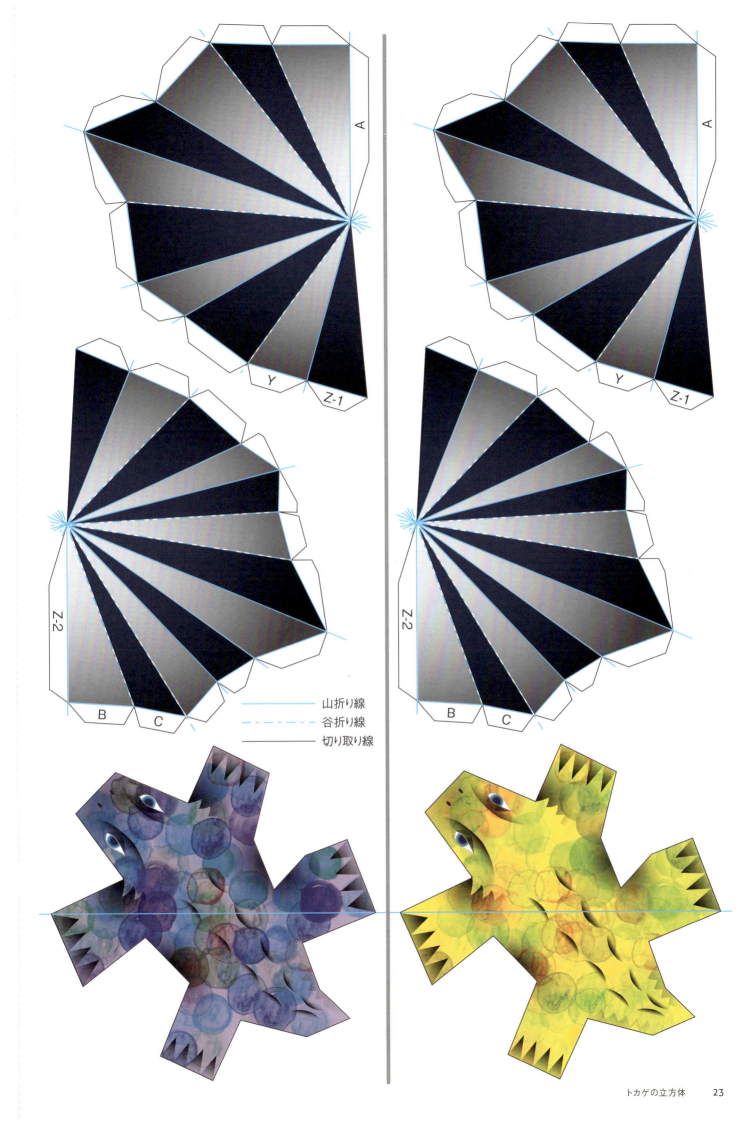

トカゲの立方体

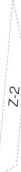

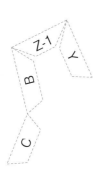
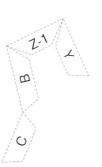

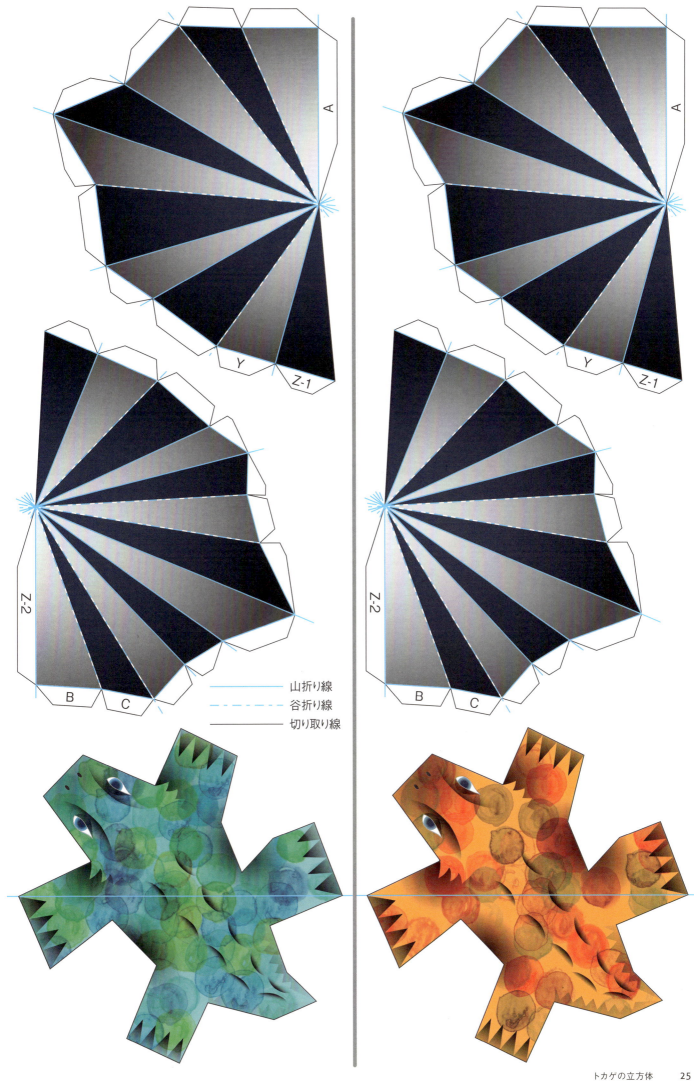

トカゲの立方体

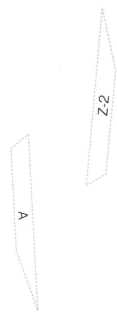
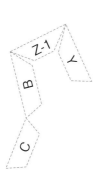
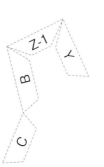

トカゲの立方体

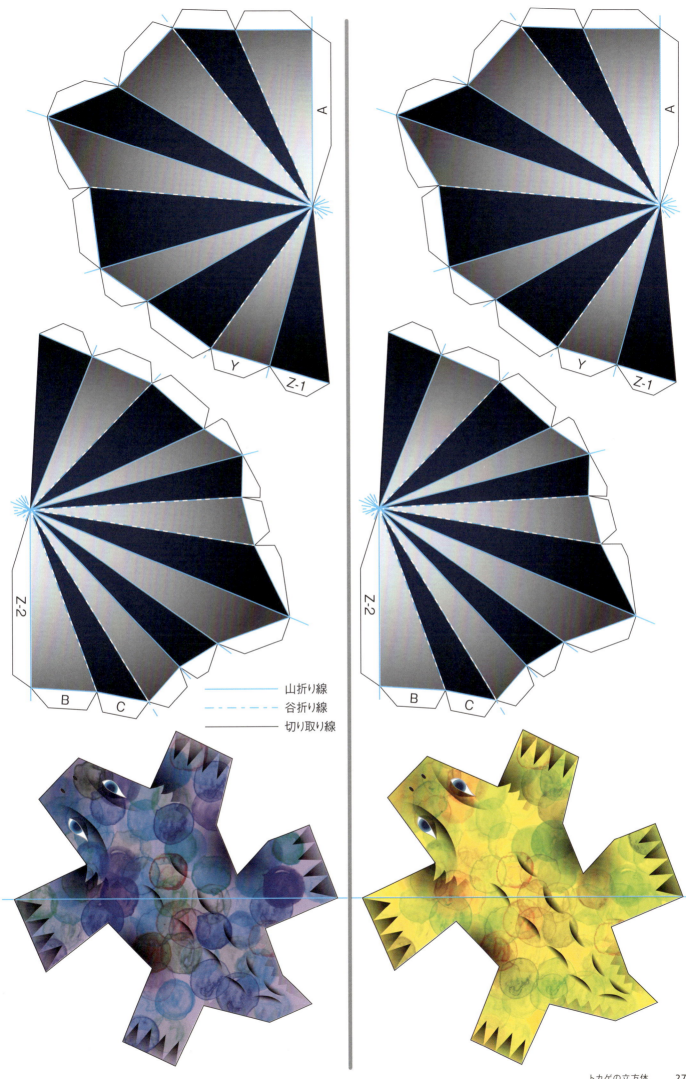

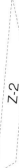
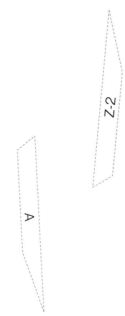
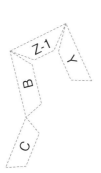
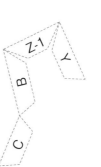

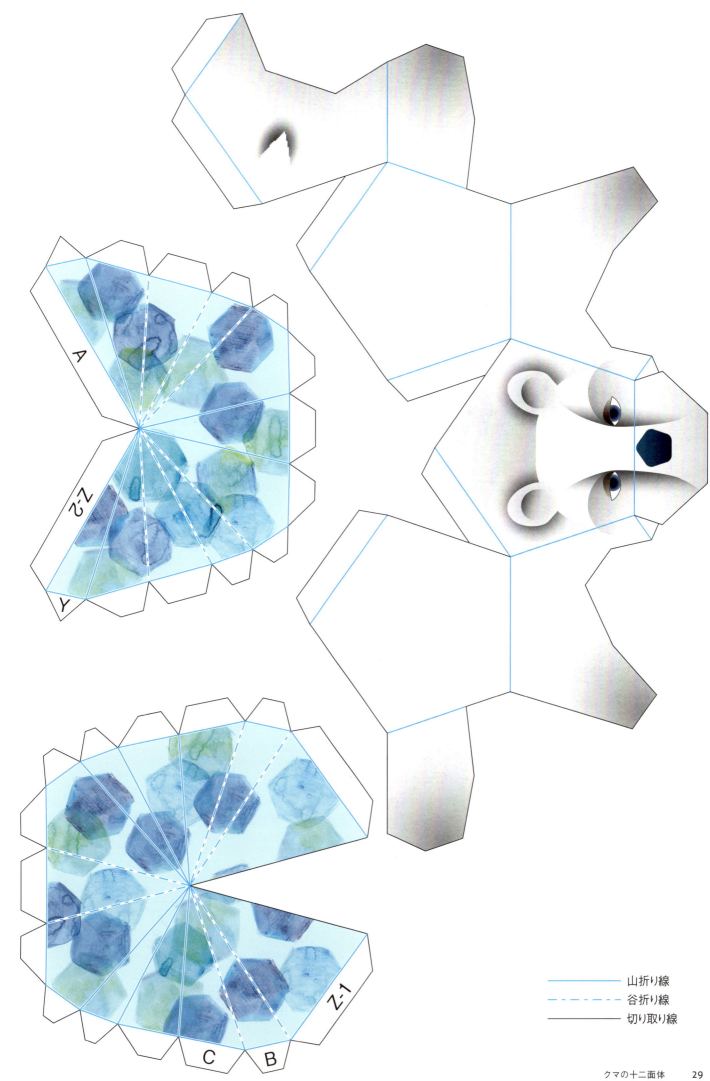

——— 山折り線
–·–·– 谷折り線
——— 切り取り線

クマの十二面体　29

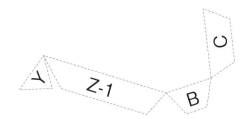
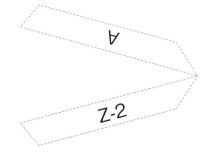

クマの十二面体 31

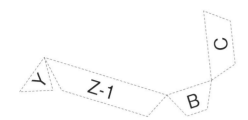
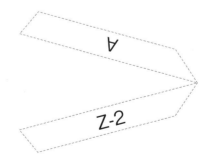

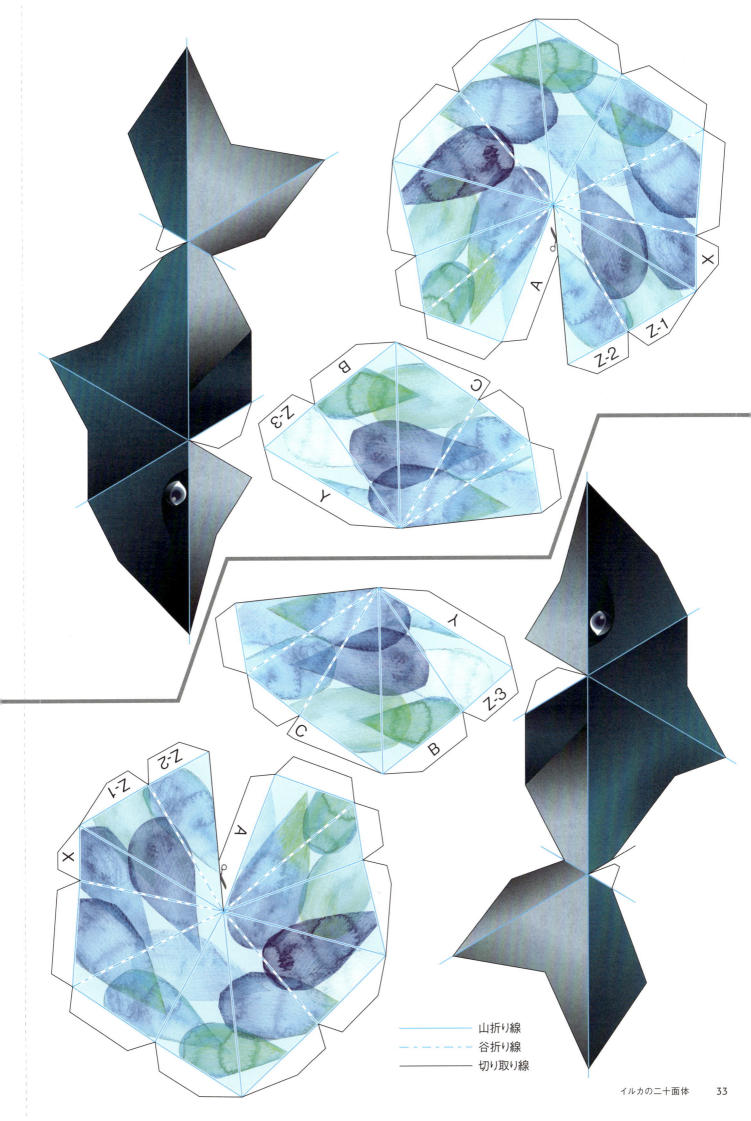

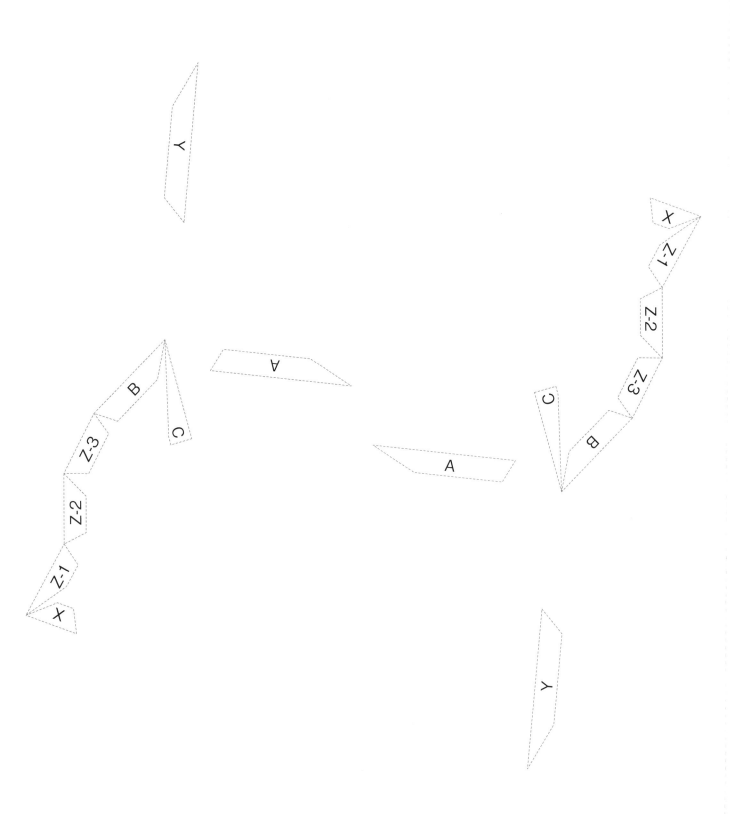

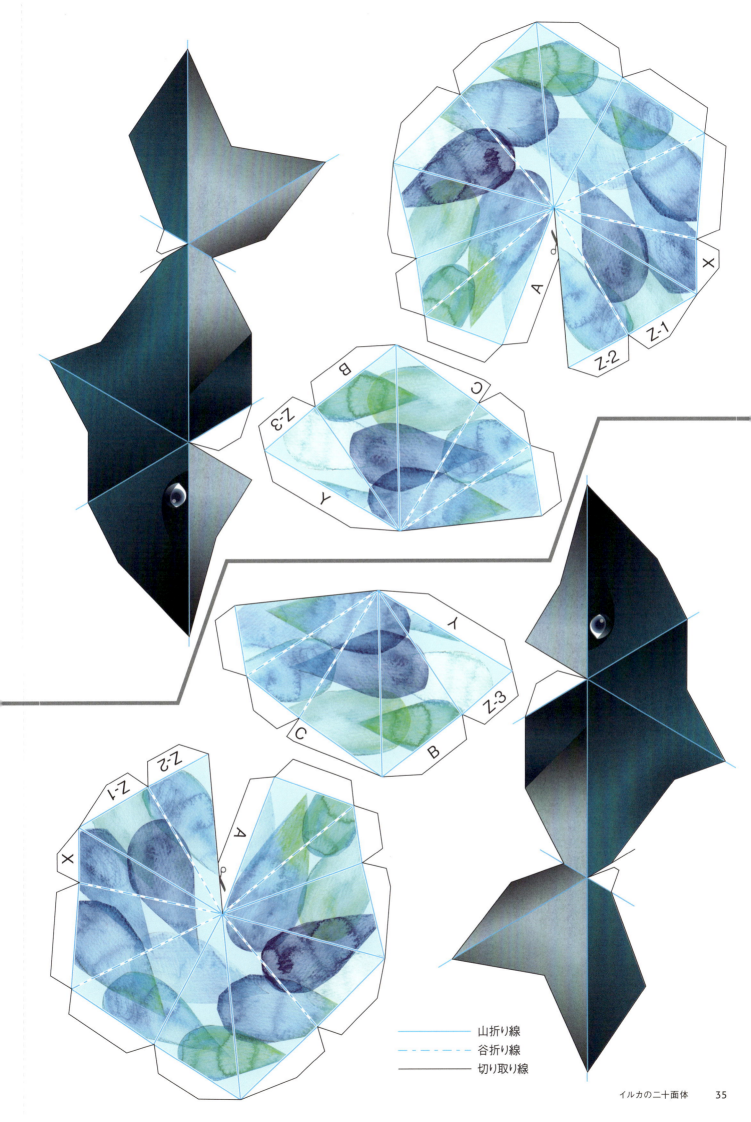

イルカの二十面体

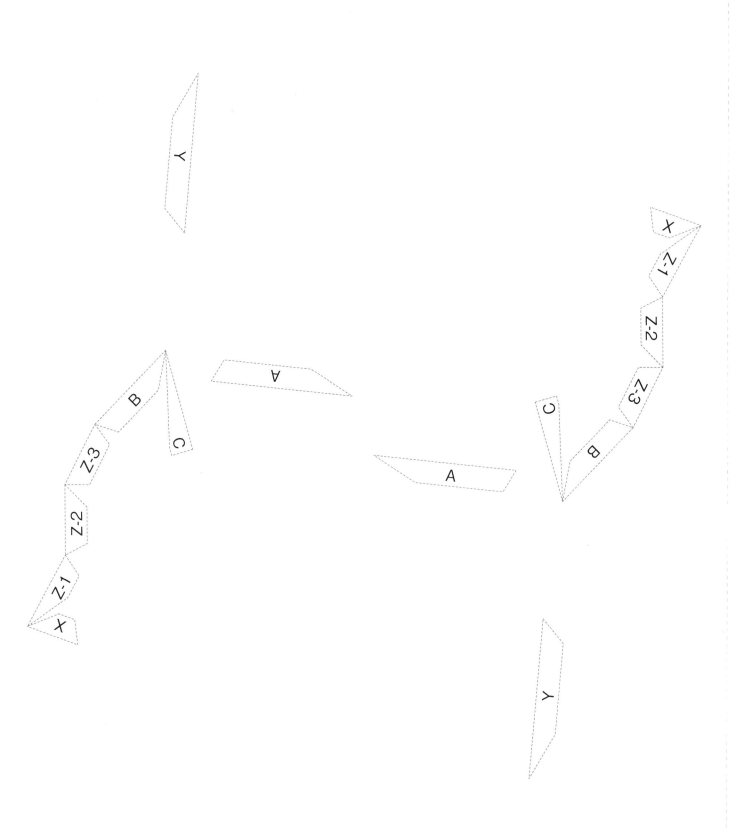

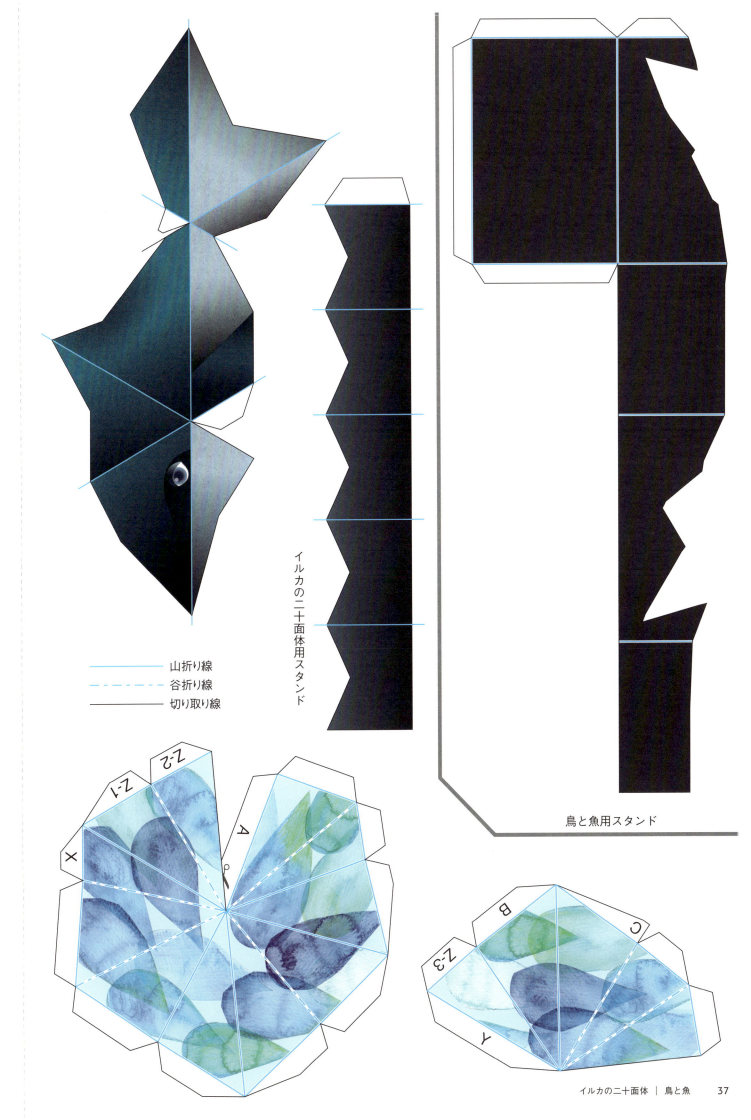

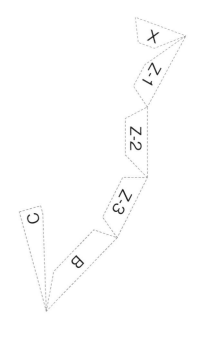

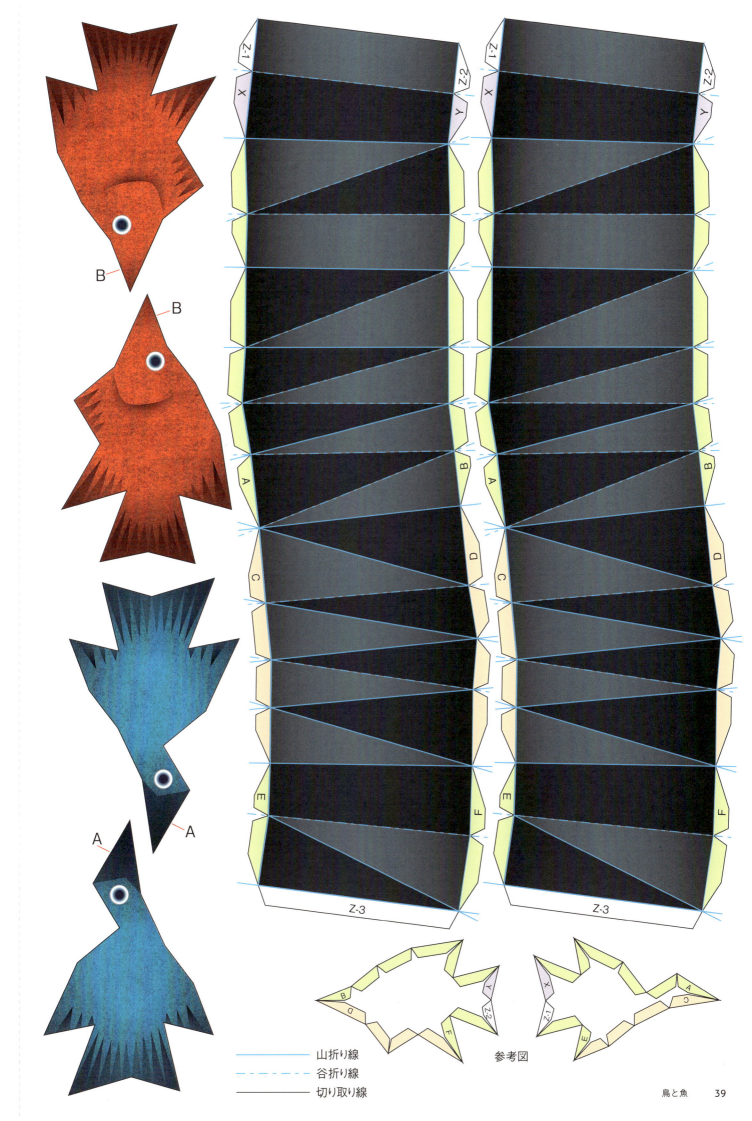

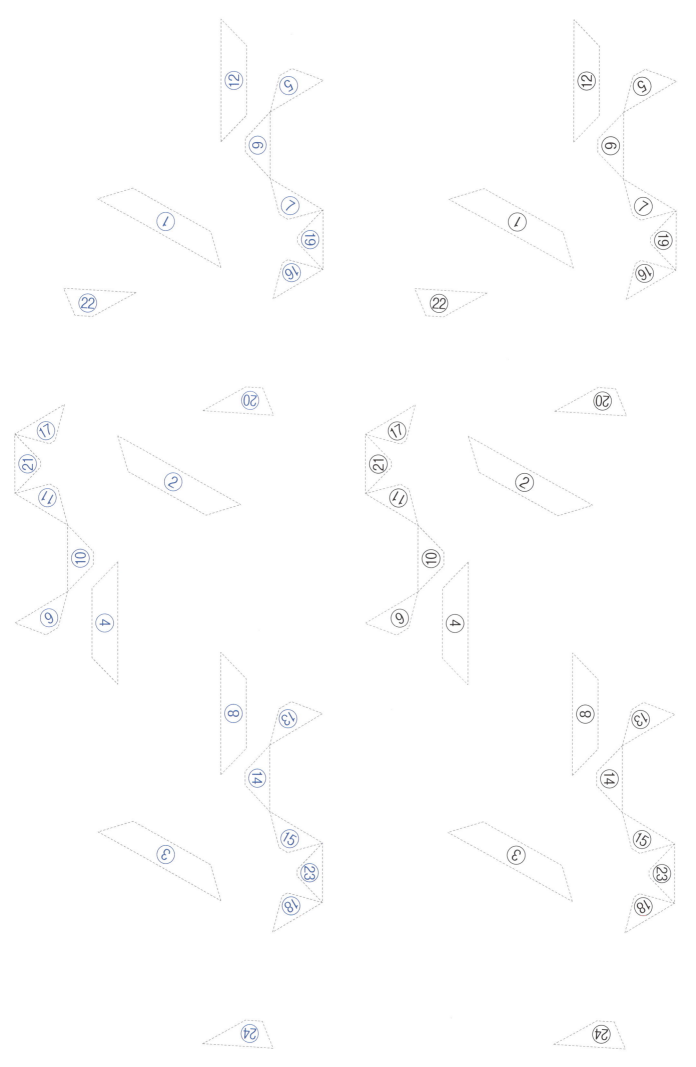

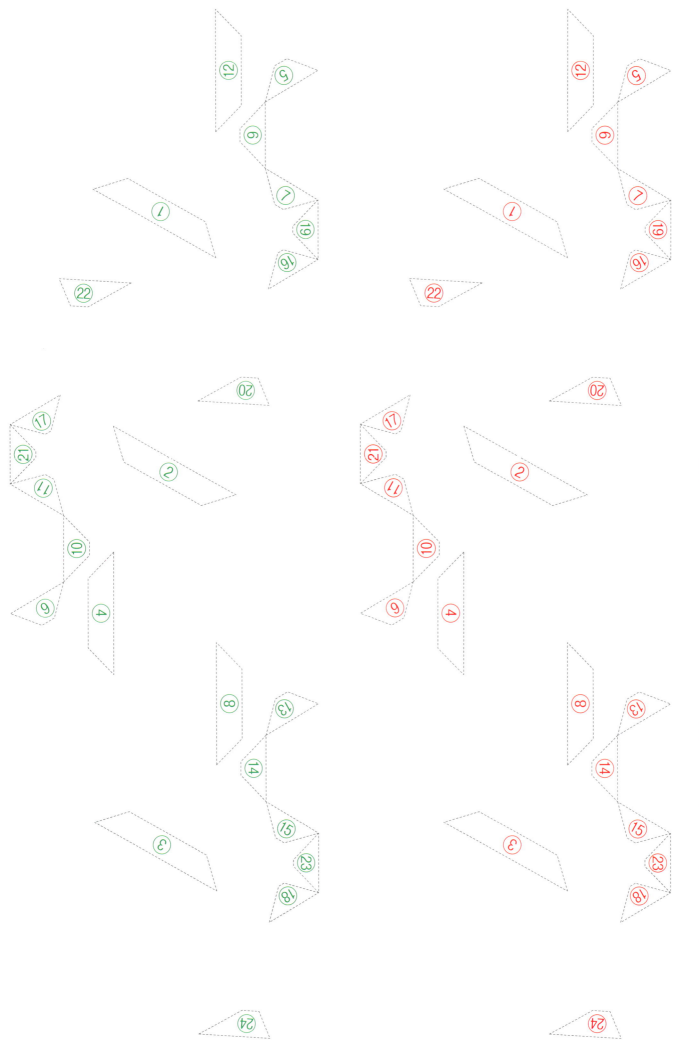

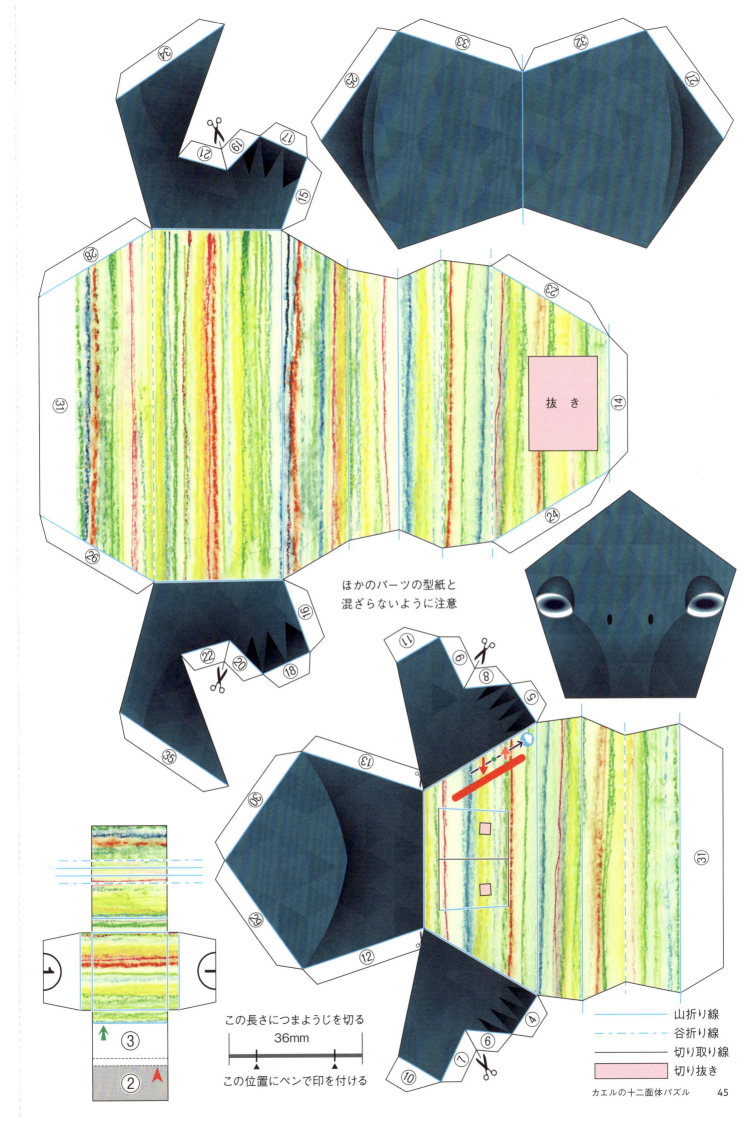

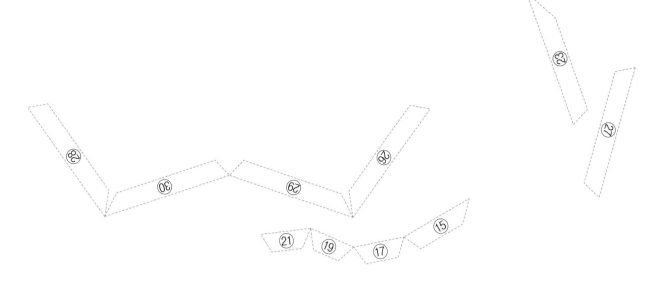
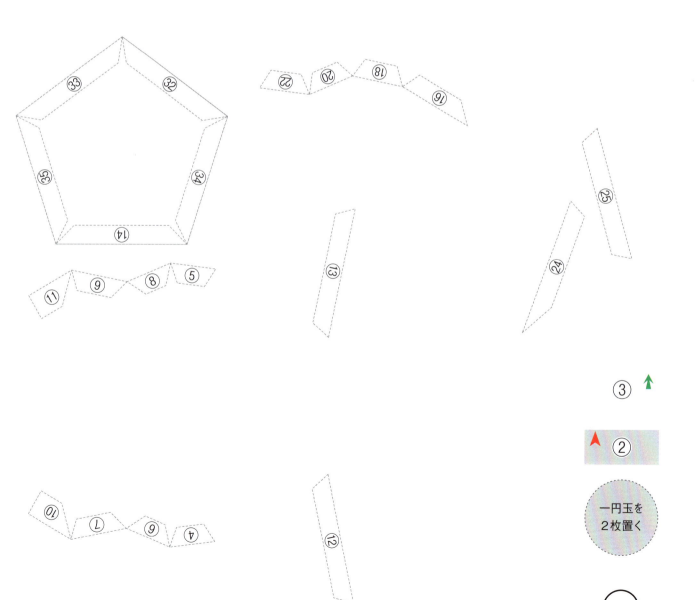

カエルの十二面体パズル

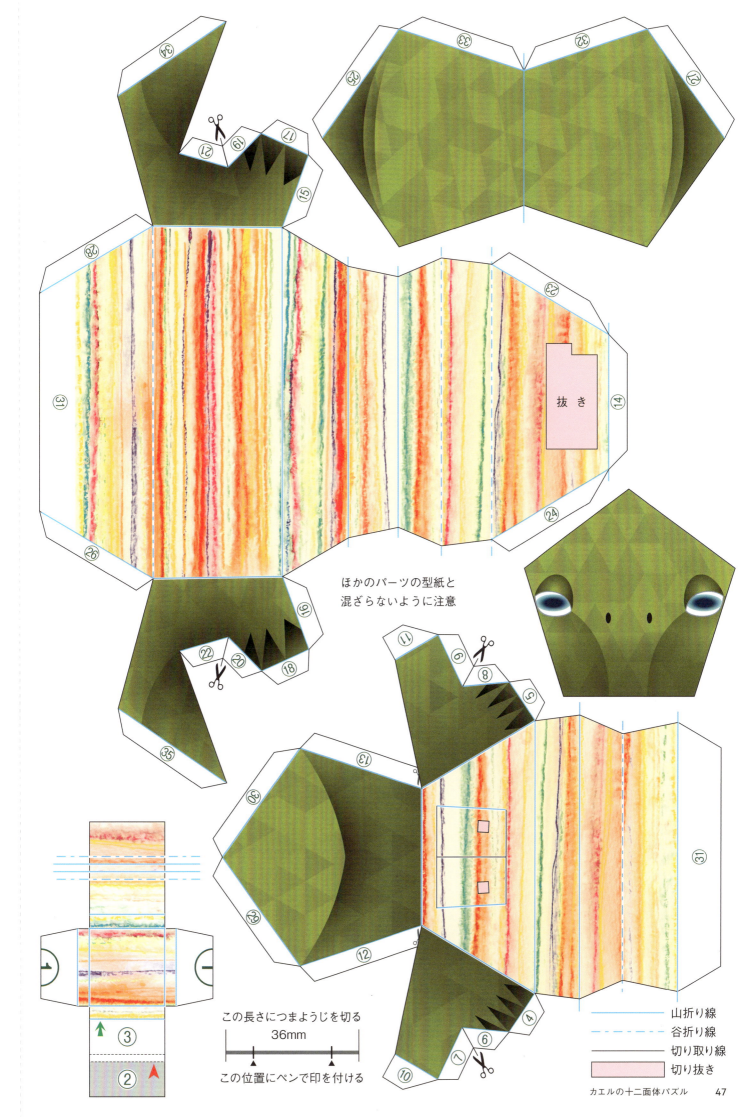

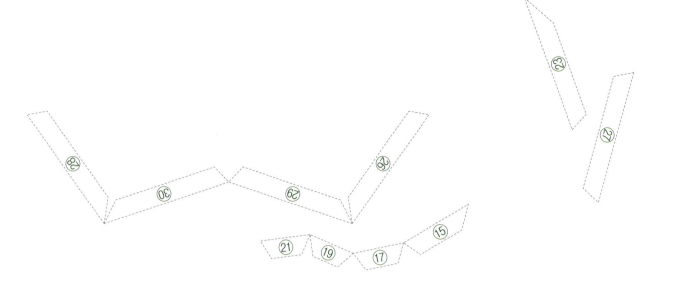
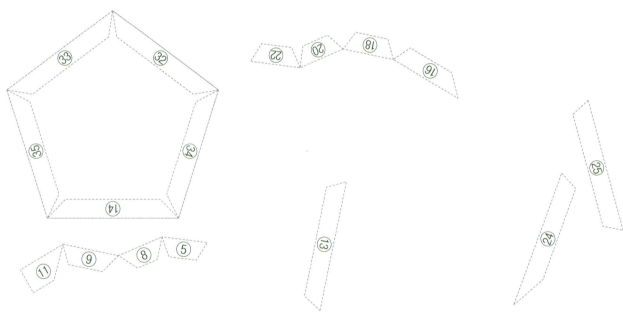
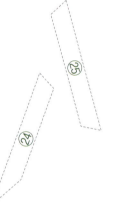

③

一円玉を
2枚置く

カエルの十二面体パズル

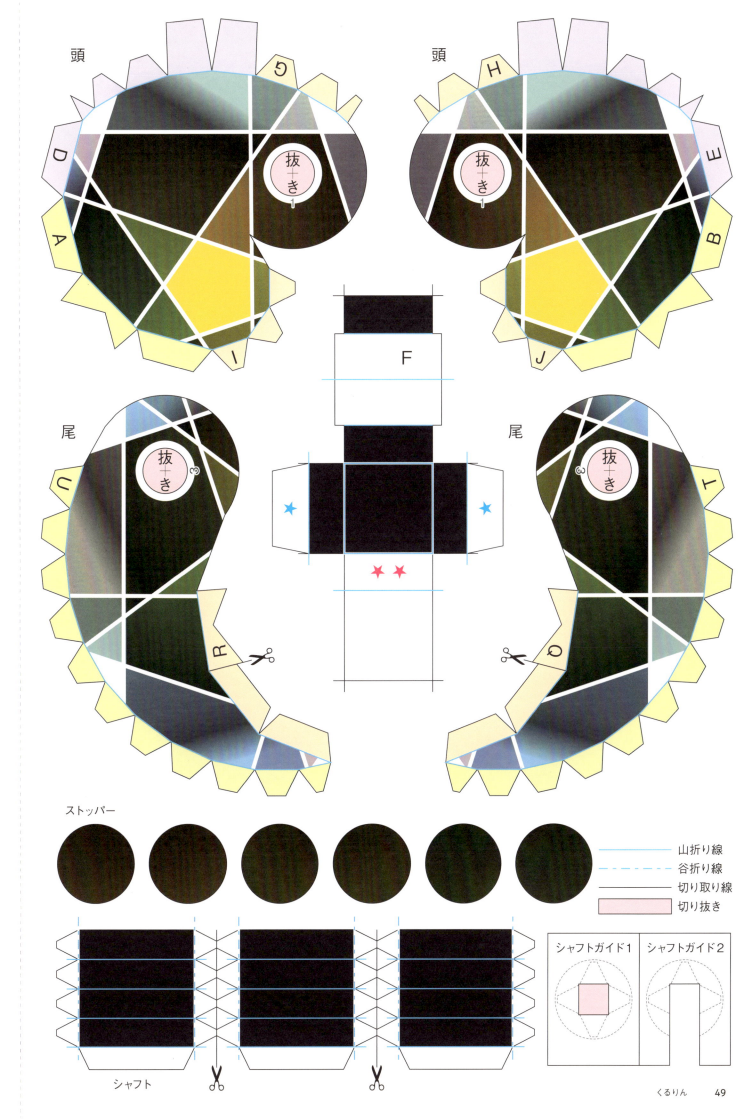

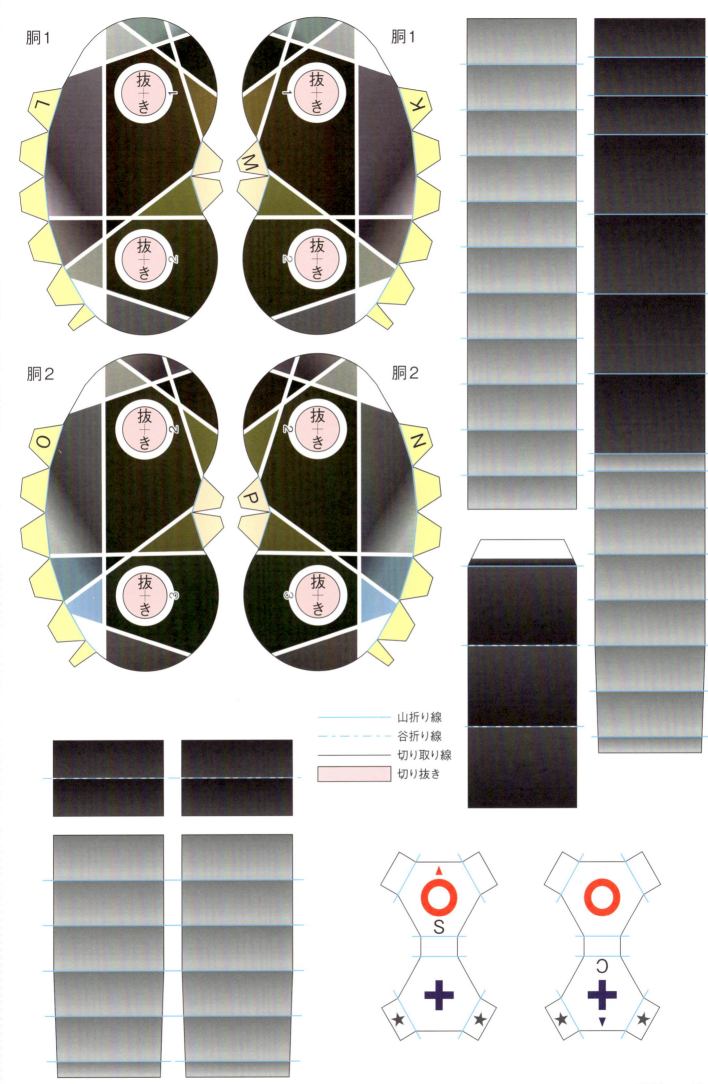

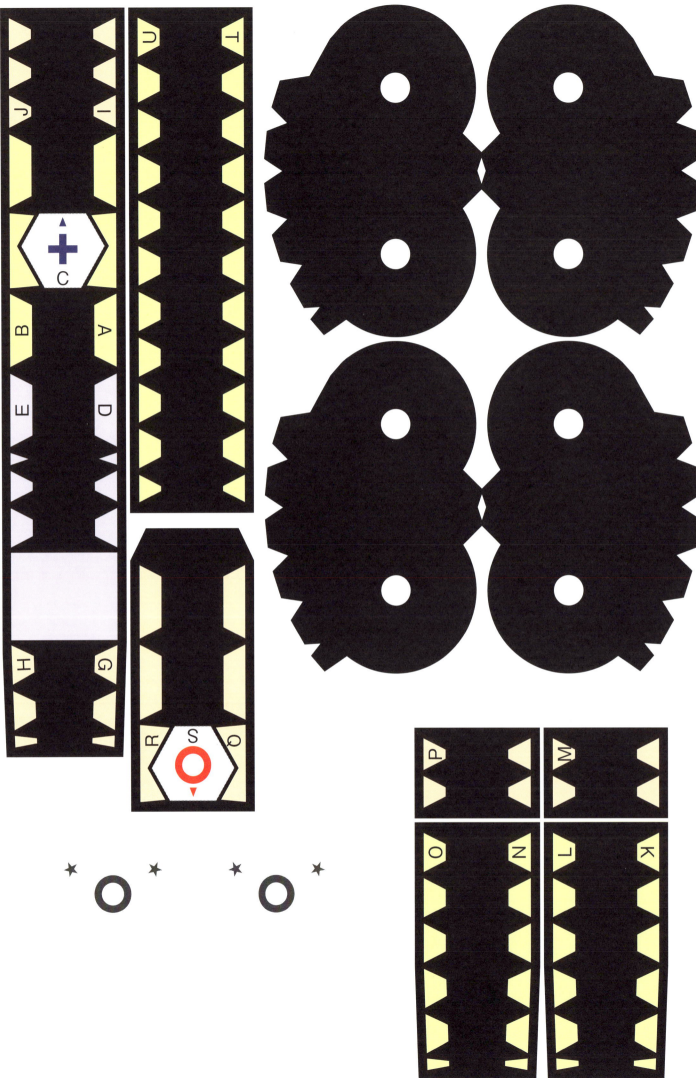

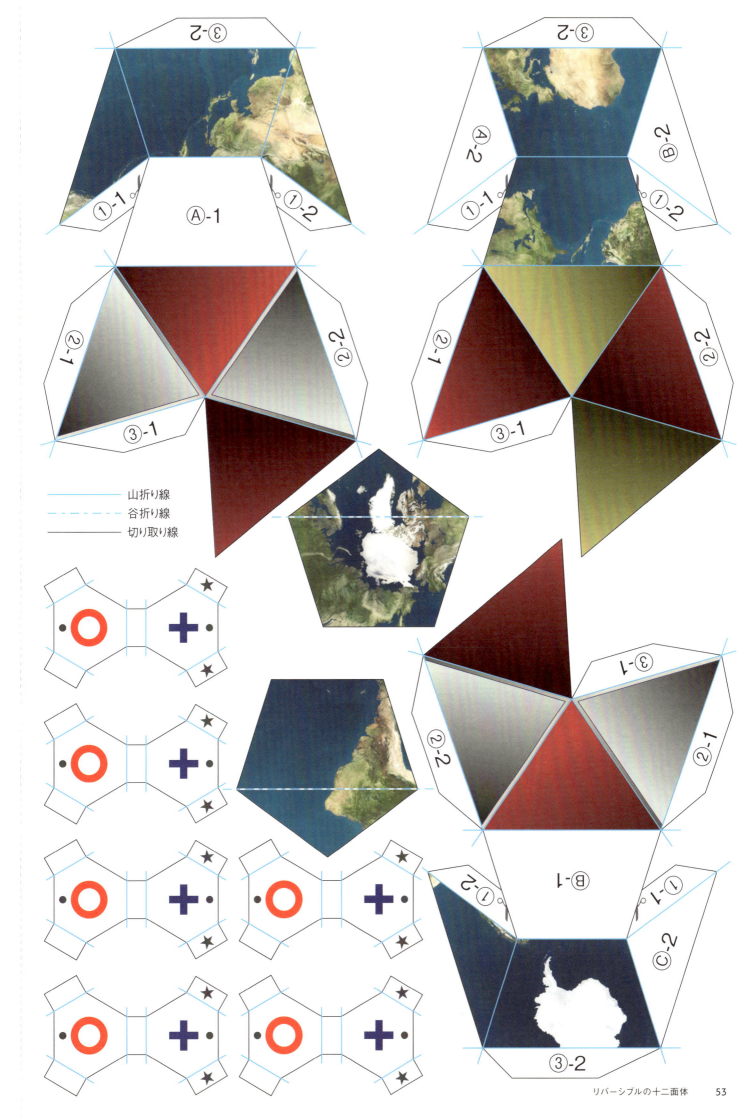

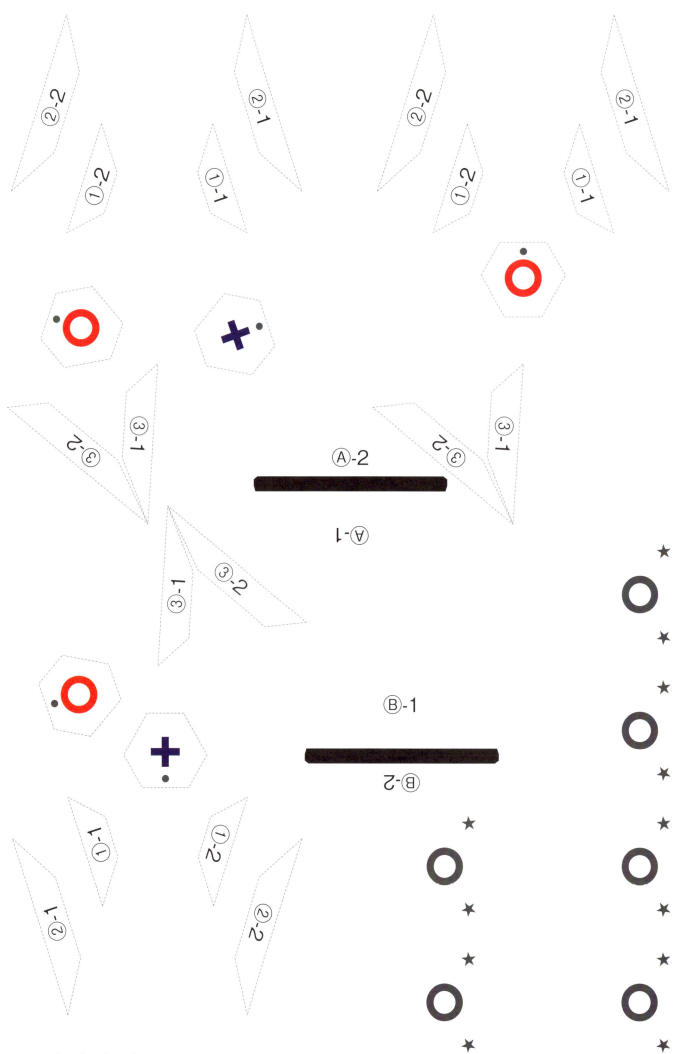

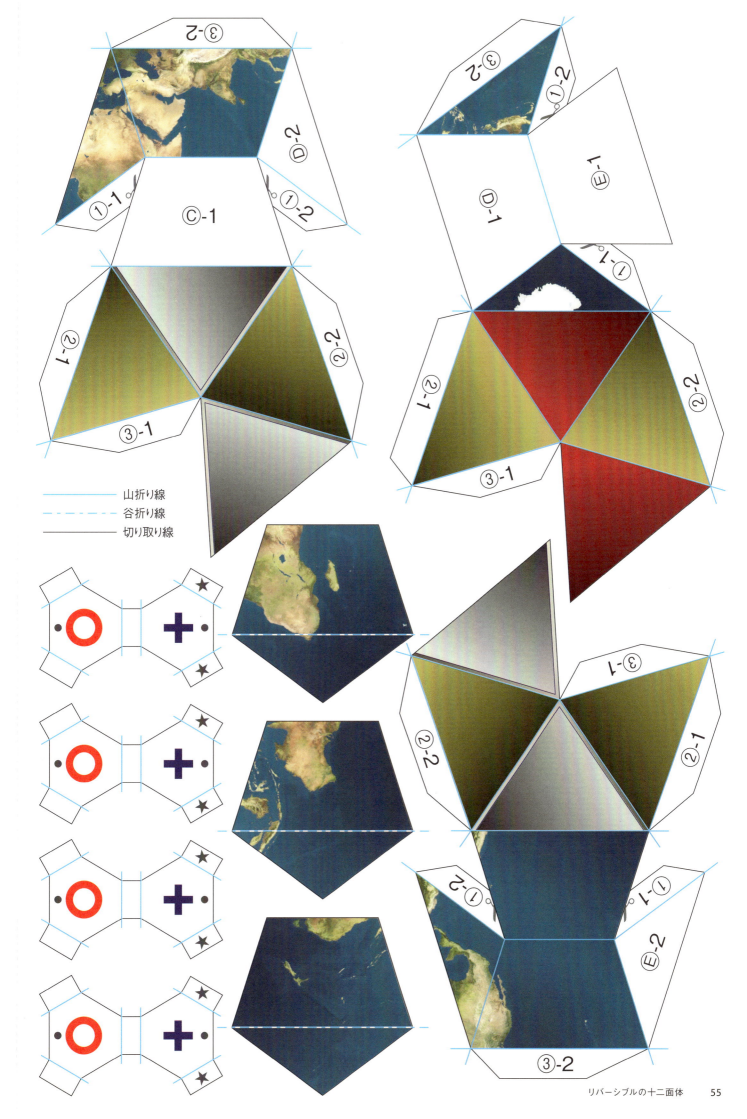

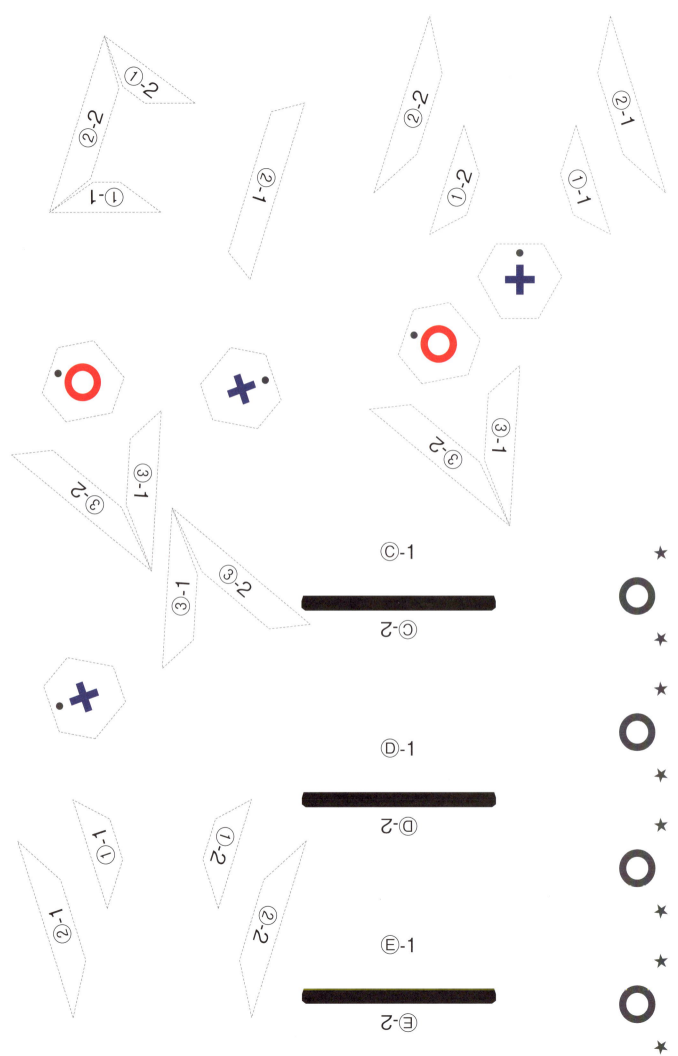

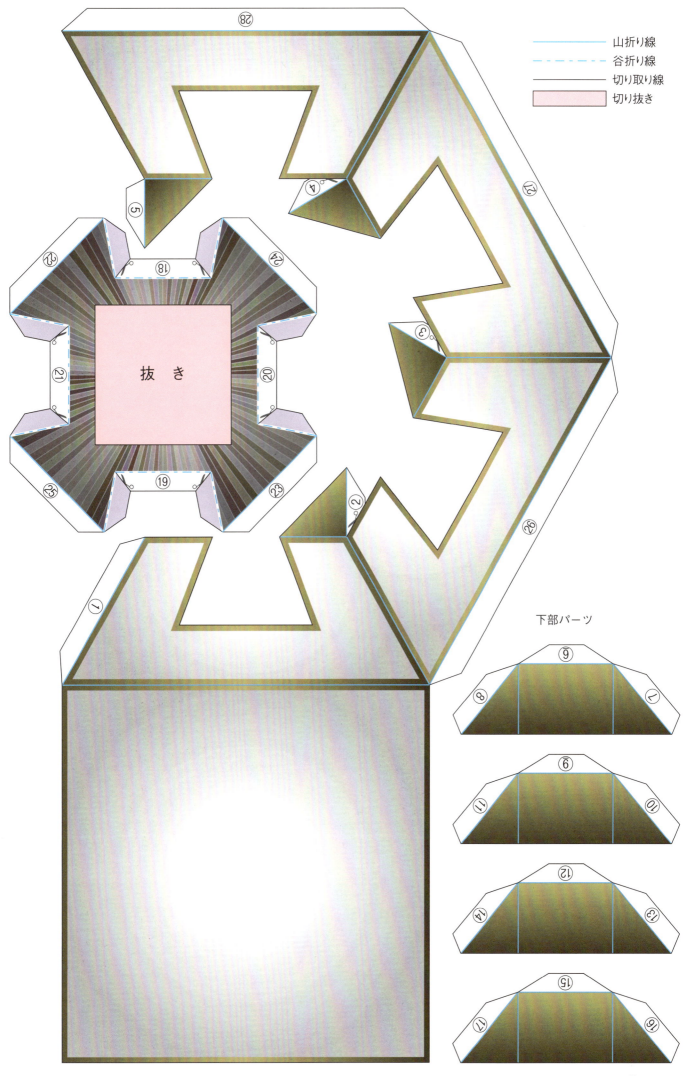

ピラミッドの箱

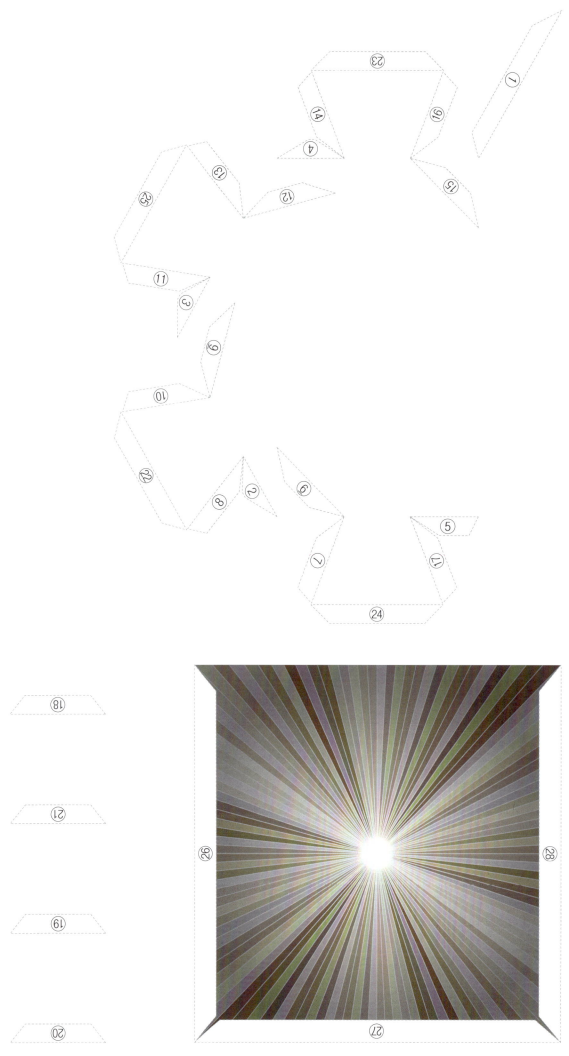

ピラミッドの箱

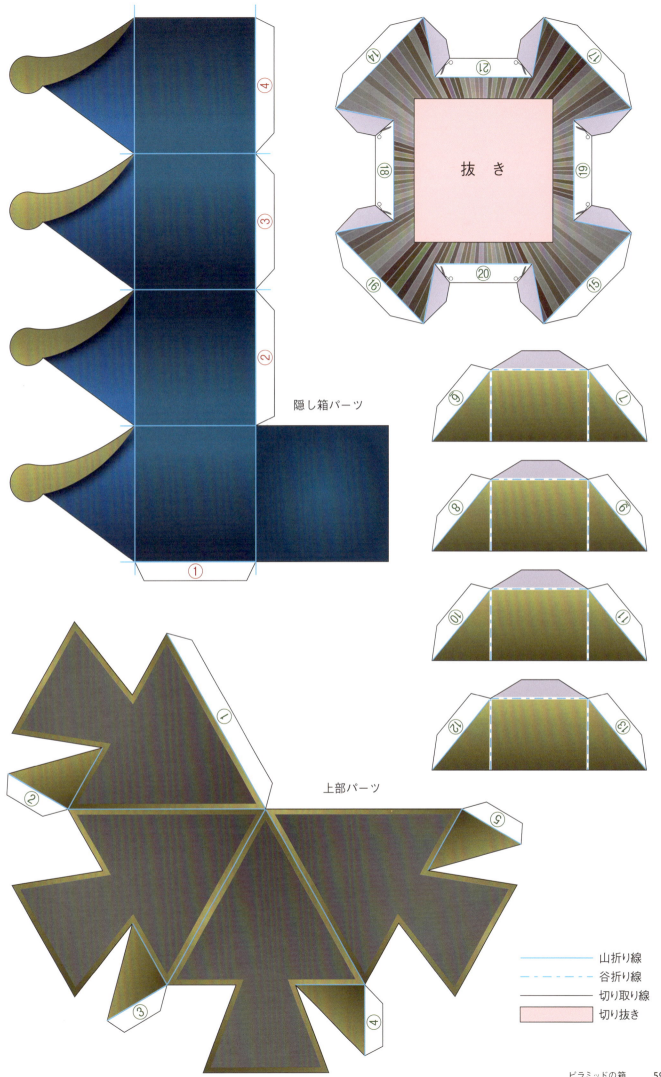

隠し箱パーツ

上部パーツ

―― 山折り線
--- 谷折り線
―― 切り取り線
■ 切り抜き

ピラミッドの箱

ピラミッドの箱

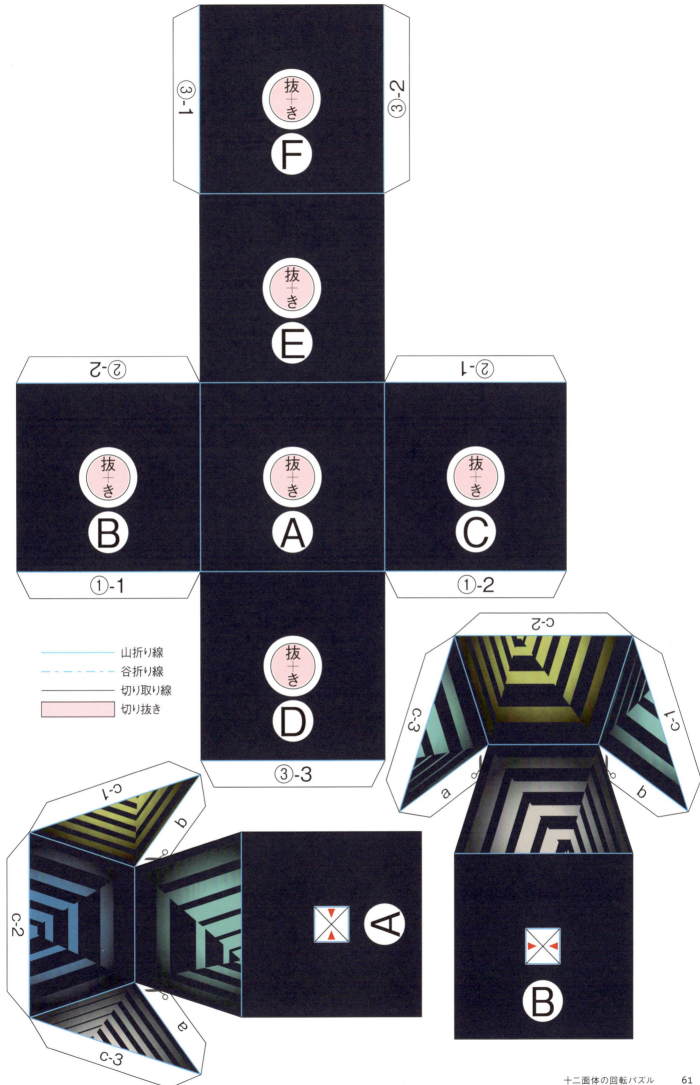

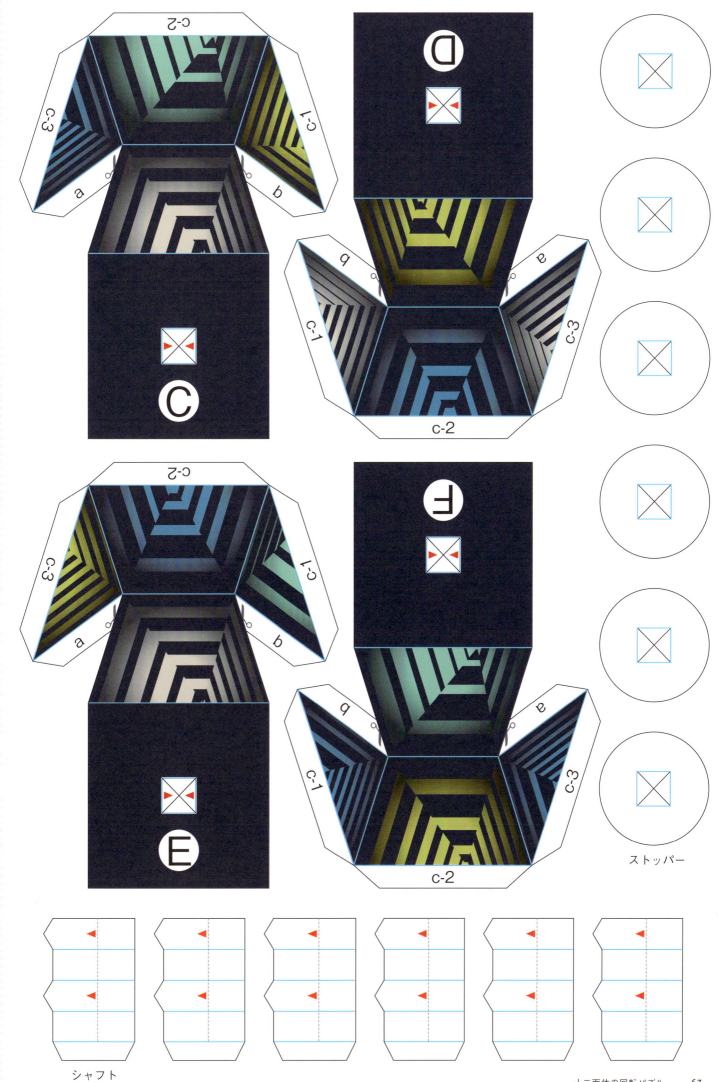

シャフト

十二面体の回転パズル 63